AF410876

DÉTERMINATION EXACTE

DE LA

DISTANCE MOYENNE DES TRANSPORTS

dans le calcul des terrassements des projets de route.

DÉTERMINATION EXACTE

DE

LA DISTANCE MOYENNE

DES TRANSPORTS

DANS LE CALCUL DES TERRASSEMENTS DES PROJETS DE ROUTE

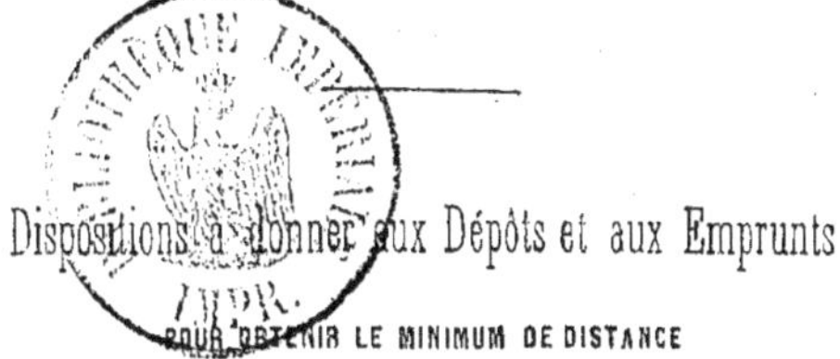

Dispositions à donner aux Dépôts et aux Emprunts

POUR OBTENIR LE MINIMUM DE DISTANCE

Par A. ROLLAND

Agent-voyer en chef du département du Gard.

NIMES

DE L'IMPRIMERIE CLAVEL-BALLIVET ET Cⁱᵉ

12, Rue Pradier, 12.

1863

La recherche de la distance moyenne des transports du déblai au remblai, but final du calcul des terrassements d'un projet de route, est une opération longue, pénible et pleine d'incertitude.

En premier lieu, elle exige qu'on décompose les divers cubes de déblai et de remblai, entre lesquels des mouvements doivent être opérés, suivant une disposition qui permette d'en assembler les parties dans un autre ordre, pour former de nouveaux volumes de déblai et de remblai, équivalents les uns aux autres. Ensuite elle se complique de la recherche des centres de gravité de toutes ces fractions de cubes, recherche difficile à raison de la décomposition des cubes primitifs. Enfin elle nécessite l'évaluation préalable de la distance de chaque transport particulier, avant d'en venir à une distance moyenne unique.

Lorsque le projet comporte des dépôts ou des emprunts, à moins que les circonstances physiques qui lui sont inhérentes ne fassent cesser toute indétermination à ce sujet, il faut nécessairement établir ces dépôts ou ces emprunts à peu près au hasard, sans aucun moyen d'apprécier la portée de leur convenance.

Si, en vue d'abréger la longueur excessive des calculs, on masse, dès l'origine, les cubes de déblai et de remblai, par suite non interrompue de profils de même espèce, la recherche des centres de gravité devient d'autant plus incertaine, et l'évaluation des distances des transports particuliers ne présente plus par suite qu'une approximation assez vague.

Ainsi l'on peut dire que l'opération du calcul des terrassements, lorsqu'on parvient au mouvement des terres, perd sa simplicité primitive, et en quelque sorte toute mécanique, pour entrer dans une voie d'indécision et de tâtonnement qui exclut complètement toute précision mathématique.

Et, en effet, si l'on confie à plusieurs calculateurs, opérant isolément, l'évaluation des terrassements d'un même projet de route, on peut être certain d'obtenir, pour la valeur de la distance moyenne de transports, autant de solutions différentes qu'on aura employé d'opérateurs.

Par suite de ce manque d'exactitude, l'auteur d'un projet ne peut jamais être assuré d'avoir adopté, pour l'établissement des transports, la meilleure disposition, et, d'un autre côté, son travail ne peut être que très difficilement contrôlé.

Nous avons cherché à faire disparaître ces inconvénients, au moyen d'une nouvelle méthode.

Lorsque les dépôts ou les emprunts à faire sont déterminés par les exigences du terrain, ou lorsqu'il y a compensation entre les déblais et les remblais, cette méthode conduit à une solution unique pour la valeur de la distance moyenne des transports. Elle permet d'obtenir directement cette valeur, sans la décomposition des déblais et des remblais en parties correspondantes les unes aux autres, sans la recherche de centres de gravité autres que ceux des cubes primitifs, et enfin sans l'évaluation des distances des transports particuliers.

Lorsqu'au contraire, les dépôts ou les emprunts peuvent être faits *ad libitum*, ou du moins en divers points, elle permet de déterminer la disposition du mouvement des terres qui doit donner la moindre distance moyenne.

La distance moyenne des transports pouvant, dans le même projet, varier du simple au double, au triple, et même au delà, suivant le plus ou moins de convenance des combinaisons adoptées, on voit combien il sera avantageux et économique d'avoir un procédé sûr et facile, pour obtenir la meilleure solution, c'est-à-dire le minimum de distance.

I — CALCUL DU VOLUME DES TERRES

L'élément le plus important d'un projet relatif à l'ouverture d'une route quelconque, est la détermination du volume des terres à déplacer et la disposition des mouvements à leur faire subir pour obtenir le résultat demandé, c'est-à-dire pour opérer la transformation du sol primitif en une voie praticable pour les voitures.

Lorsque l'on a rapporté le profil en long pris sur le terrain naturel suivant l'axe de la communication à ouvrir, on arrête le nouveau profil en long que l'on veut donner à cette voie. On connaît alors, en chacun des points du tracé, la hauteur dont la voie, après l'exécution des terrassements, sera exhaussée au dessus ou abaissée au dessous du niveau du terrain naturel. Les nombres qui expriment les abaissements ou les exhaussements portent respectivement le nom de *cotes de déblai* et de *cotes de remblai*.

Des profils en travers, perpendiculaires à l'axe du profil en long, font connaître la forme du terrain naturel à droite et à gauche de cet axe. Lorsque l'on a adopté un profil en travers ou *gabarit* particulier pour la voie de communication à ouvrir, en dessinant ce gabarit dans la position indiquée par la cote de déblai ou de remblai, sur les figures des profils en travers du terrain naturel, on obtient une représentation graphique des superficies de déblai et de remblai qui correspondent à ces profils.

C'est de la mesure de ces superficies que l'on déduit immédiatement les volumes de déblai et de remblai. Il suffit pour les obtenir de multiplier les demi-sommes des surfaces de déblai et de remblai de deux profils consécutifs par la distance qui les sépare, ou, ce qui revient au même, de multiplier les surfaces de déblai et de remblai d'un même profil par la demi-somme de ses distances aux deux profils entre lesquels il se trouve compris.

Ce dernier procédé, qui simplifie les calculs, est le plus généralement employé.

Toutefois cette méthode pouvant donner lieu à de trop grandes erreurs, lorsqu'un profil entièrement en déblai est précédé ou suivi d'un profil entièrement en remblai, ou réciproquement, on établit, dans ce cas, une ligne de passage fictive des déblais aux remblais qui partagera l'intervalle des deux profils proportionnellement à leur surface : ce passage fictif est alors considéré comme un profil dont la superficie est nulle.

II — RÉPARTITION DES DÉBLAIS A DIVISER EN DEUX CAS

Quand on est parvenu, par le moyen précédent, à se rendre compte du volume des terres à déplacer, tant pour les déblais que pour les remblais, il est nécessaire, au point de vue de l'économie, de chercher à répartir les déblais de la façon qui doit donner le moins de transport, et par suite la moindre dépense.

La première règle consiste à employer en remblai, dans la partie correspondant à chaque profil, le plus souvent par un simple jet à la pelle, toute la partie des déblais de cette même longueur qui peut y trouver place.

Cette opération faite, il ne reste plus à chaque profil que des déblais en excès sur ce point, et qui doivent être transportés ailleurs pour contribuer à y former des remblais ; ou bien, il n'y reste plus que des remblais à compléter avec des terres provenant d'autres profils. Les premiers devant être employés à former les seconds, il peut se présenter deux cas :

1° Que la somme des déblais excédants soit égale à celle des remblais à former ;

2° Que ces deux volumes soient inégaux.

III — RÉPARTITION DES DÉBLAIS DANS LE CAS D'ÉGALITÉ DES VOLUMES DE TERRASSES

Dans le premier cas, si nous admettons que les déblais puissent être portés à l'emplacement des remblais avec assez d'économie pour qu'il n'y ait pas avantage à rejeter les premiers hors

de la route, en empruntant des terres pour subvenir aux seconds
sur les points où ceux-ci sont nécessaires, il ne peut y avoir
aucune incertitude dans la manière de procéder : la seule opération rationnelle, c'est de former chaque portion de remblai avec
les portions contiguës des déblais disponibles, et soit que l'on
commence par l'une des extrémités de la route à ouvrir, soit que
l'on commence par l'autre, on parviendra dans les deux cas au
même résultat.

Soit, en effet, une droite AB (fig. 1), au dessus ou au dessous
de laquelle on élève ou on abaisse, par échelons successifs,
les perpendiculaires $1a$, bc, de, fg, etc....., respectivement
proportionnelles aux volumes de déblai ou de remblai entre
lesquels les mouvements doivent être opérés, et placées à des
distances les unes des autres proportionnelles à celles des centres
de gravité de ces volumes. Si l'on compte par échelons ascendants, les volumes de déblai indiqués par les lettres D, D'....,
et par échelons descendants, les volumes de remblai indiqués
par les lettres R, R'...., l'extrémité de la droite qui représente
le dernier déblai ou remblai, tombera, d'après la supposition
admise — l'égalité des volumes de déblai et de remblai — sur
la droite AB.

Si l'on partage actuellement la figure en rectangles horizontaux, au moyen de parallèles à la ligne AB menées par les
divers ressauts que présentent les échelons ascendants et descendants, les côtés verticaux de chaque rectangle indiqueront la
position des déblais et des remblais destinés à être exécutés les
uns au moyen des autres, et les bases de ces rectangles repré-
senteront l'intervalle qui sépare les deux volumes, ou leur distance de transport.

Pour bien concevoir ceci, l'on n'a qu'à considérer la figure
ci-dessus comme un véritable *plan* dans lequel la ligne AB représenterait l'axe de la voie de communication à ouvrir. Si l'on
suppose alors que les déblais soient rangés suivant la disposition
précédente et normalement à la direction de la route, sous forme
de prismes en relief ou cavaliers d'un mètre de section transversale, et que les remblais soient représentés à leur tour par
des prismes en creux ou tranchées semblablement disposés et
de même section, on voit évidemment que chaque mètre
courant de prisme *en relief* doit être amené, parallèlement

à la route, sur le mètre corespondant de prisme *en creux* placé en regard, pour y combler le vide que présente celui-ci (fig. 2).

IV — DÉTERMINATION DE LA DISTANCE MOYENNE DES TRANSPORTS

Afin de n'avoir qu'un prix unique de transport, on cherche à établir la moyenne de toutes ces distances. Pour l'obtenir, il suffit *d'évaluer l'aire polygonale rectangulaire comprise entre les échelons successifs et la droite AB, et de diviser le résultat par le volume total du déblai.*

En effet, la distance moyenne des transports doit être telle que, multipliée par la somme des cubes à transporter, elle soit égale à la somme des transports particuliers, c'est-à-dire qu'en désignant par x cette distance moyenne, par D, D', D''..... les cubes à transporter, par d, d', d''... les distances particulières auxquelles chacun de ces cubes doit être transporté, on doit avoir :

$$x \ (D + D' + D'' + \ldots) = Dd + D'd' + D''d'' + \ldots$$

d'où l'on tire :

$$x = \frac{Dd + D'd' + D''d'' + \ldots}{D + D' + D'' + \ldots}$$

Le numérateur de cette formule n'est évidemment autre que l'aire polygonale rectangulaire dont nous venons de parler.

Jusqu'à présent, nous avons opéré la compensation des terrasses par masses successives de déblai et de remblai. On aurait pu opérer autrement : porter, par exemple, les terres du premier profil en déblai au premier profil en remblai, et continuer ainsi de suite. Pour se rendre compte de cette nouvelle disposition, il suffirait de disposer les remblais de la même façon que les déblais, c'est-à-dire par échelons également ascendants. L'examen de la figure 3 fait voir que ce nouveau mode de compensation par profils ne présente aucun avantage sur le précédent, puisqu'il aboutit en définitive à une surface rectangulaire équivalente, et par conséquent à la même distance moyenne de transport ; de plus, comme il pourrait présenter quelque confusion, par suite de l'analogie qui y existe entre la position des échelons représentant les déblais et celle des échelons représentant les remblais, il doit être complètement abandonné.

Par l'examen du mode de détermination de la distance moyenne de transport, il serait facile de se rendre compte que tout mode de distribution autre que les deux précédents conduirait à une plus grande surface rectangulaire, et partant à une plus grande dépense.

V — CALCUL NUMÉRIQUE DE LA DISTANCE MOYENNE

Il existe un moyen très simple de calculer numériquement, *à priori*, dans les projets, la surface de l'aire polygonale rectangulaire $Dd + D'd' + D''d'' + ...$, sans qu'il soit nécessaire de dessiner la figure, d'avoir recours à la décomposition des volumes de déblai et de remblai en parties respectivement correspondantes les unes aux autres, et enfin de déterminer les diverses distances particulières du transport des déblais aux remblais.

Il suffit, pour obtenir ce résultat, d'affecter du signe $+$ les nombres qui représentent les déblais en excès, du signe $-$ ceux qui représentent les remblais à former, et de cumuler ces nombres, chacun avec son signe, à partir de l'origine et par profils consécutifs, absolument comme s'il s'agissait de calculer, par rapport à l'axe horizontal AB, les ordonnées d'un nivellement dans lequel le contour polygonal rectangulaire représenterait la ligne du terrain naturel. On multipliera ensuite chaque ordonnée par l'intervalle ou la distance qui la sépare de l'ordonnée suivante, c'est-à-dire par l'entreprofil qui la suit, si l'on suppose toutefois que chaque profil ait été déplacé au centre de gravité de la masse qui lui correspond.

Si l'on désigne par O, O', O''... ces ordonnées, par e, e', e''... les entreprofils, on aura alors une surface $Oe + O'e' + O''e'' + ...$ qui ne sera autre que la surface $Dd + D'd' + D''d'' + ...$; seulement celle-ci est déterminée par des rectangles horizontaux, tandis que l'autre est calculée au moyen de rectangles verticaux (fig. 4).

Quand on place les profils à intervalles égaux, les épaisseurs des cubes placés à chaque profil sont aussi égales entre elles, puisqu'on les détermine par la demi-somme des distances du profil à celui qui précède et à celui qui suit. De même les distances des centres de gravité des volumes placés à chaque profil sont aussi égales entre elles, car ces volumes étant assimilés à des prismes dont la section est la surface du profil en travers, la distance des centres de gravité de deux cubes consécutifs est égale à la demi-somme de leurs épaisseurs. Si l'on suppose qu'on n'ait pas de *points de passage* entre deux profils consécutifs, on aura donc $e = e' = e'' = \ldots$ et la formule ci-dessus se réduira à :

$$x = \frac{(O + O' + O'' + \ldots)\,e}{D + D' + D'' + \ldots}$$

c'est-à-dire que pour avoir, dans ce cas, la distance moyenne de transport, *il suffira de faire la somme des ordonnées, de la multiplier par l'intervalle commun, et de diviser ce résultat par le volume total du déblai.*

L'existence des ponts de passage, modifiant les longueurs des entreprofils qui leur correspondent, semblerait, au premier abord, de nature à rendre cette règle inapplicable. Il n'en est nullement ainsi : on sait, en effet, que dans la détermination de ces points, au lieu de modifier les distances, on peut modifier les surfaces des profils elles-mêmes. Il suffit, pour ce faire, de *retrancher à chacune d'elles une quantité équivalente au quotient de la division de leur produit par leur somme.* La règle que nous avons indiquée pour le cas d'entreprofils égaux, est par conséquent toujours applicable.

VI — CORRECTIONS A APPORTER AU MOUVEMENT

La méthode que nous venons de faire connaître, pour la répartition des déblais dans le cas d'égalité des volumes des deux natures de terrasses, souffre cependant quelquefois une exception. D'après l'inspection de la figure 4, on reconnaît qu'il s'établit dans le mouvement général une compensation partielle, toutes les fois que la suite des échelons vient à rencontrer l'axe horizontal AB.

Ces intersections indiquent par conséquent les points en lesquels chaque masse de déblai ou de remblai se subdivise en deux autres, correspondant chacune aux portions de remblai ou de déblai qui y sont contiguës; elles indiquent aussi les changements de direction des transports.

La distance de deux points d'intersection consécutifs, correspondant à chaque groupe de déblai et de remblai compensés partiellement l'un au moyen de l'autre, représente la plus grande distance de transport qui puisse exister dans ce groupe. Or, il pourrait arriver que ce maximum relatif fût tel qu'il y aurait moins de dépense à rejeter de la route les déblais qui, d'après la disposition admise, doivent être employés à former le remblai extrême, et à emprunter les terres nécessaires pour confection-ner ce dernier.

Après avoir disposé un mouvement, on aura donc à examiner si les distances successives qui séparent les points d'intersection et qui représentent, avons-nous dit, le maximum de transport dans chaque compensation partielle, satisfont à la condition d'économie que nous venons d'énoncer. Pour cela, on déterminera la distance à partir de laquelle il serait plus avantageux de déposer le déblai et d'emprunter le remblai, au lieu d'employer le premier à former le second, et l'on comparera cette distance avec les *maxima* de transport qui séparent les points de passage de la ligne du mouvement sur l'axe de compensation. On modifiera ensuite les résultats obtenus précédemment, pour les déblais dont le transport en remblai dépasserait la limite ainsi posée.

VII — CAS D'INÉGALITÉ DES VOLUMES (DÉPÔT) : COMMENT ON LE RAMÈNE AU PRÉCÉDENT

Considérons à présent le cas où les sommes des volumes de déblai et de remblai ne sont pas égales, où les déblais, par exemple, sont plus considérables : il est évident que la distance moyenne des transports variera d'une manière plus ou moins grande, suivant la position des déblais surabondants qu'on se décidera à rejeter de la route. Parmi la multitude de combinaisons que l'on peut faire, soit par le nombre des dépôts, soit par la proportion à admettre pour chacun d'eux, on sent qu'il en est une qui présente le plus grand avantage. Mais comme

les diverses masses de déblai et de remblai ne sont pas engen-
drées par des lois régulières, elles ne sont pas susceptibles d'être
définies par des équations. On ne peut dès lors substituer à la
ligne polygonale rectangulaire une courbe analytique qui permette d'appliquer à ce calcul, les méthodes ordinaires des *maxima*
et des *minima*.

La recherche de la position des déblais à rejeter et de la proportion suivant laquelle ils doivent être répartis entre les divers
lieux de dépôt, exigerait donc un calcul d'autant plus long que
le nombre des massifs successifs de déblai et de remblai serait
plus considérable, et deviendrait même impraticable dans l'usage;
mais les théorèmes que nous venons d'indiquer fournissent un
moyen facile de résoudre cette question, surtout si l'on se con-
tente d'opérer graphiquement, c'est-à-dire au moyen d'une épure.

Si nous disposons, comme précédemment, les déblais et les
remblais par séries d'échelons successivement ascendants et descendants, placés à des distances proportionnelles à celles du
centre de gravité des cubes, il est facile de reconnaître que,
lorsque les déblais excèdent les rembais, l'extrémité du dernier
échelon ne tombera pas sur l'axe de compensation AB, mais
restera au dessus, et que la grandeur de la dernière ordonnée,
qui sera par conséquent positive, représentera la quantité de
déblai à rejeter (fig. 5).

Considérons, pour un moment, cette dernière ordonnée comme
continuant ou représentant un échelon descendant, c'est-à-dire
un remblai. La compensation se trouvera alors naturellement
établie, et la somme des aires polygonales rectangulaires, divisée
par le volume total du déblai, donnerait, d'après ce que nous
avons vu plus haut, la distance moyenne des transports pour ce
nouveau mouvement de terres.

Mais ce mouvement n'est que fictif. Pour le ramener à ce qu'il
doit être en réalité, il faut évidemment distraire à la fois, des
déblais et des remblais, une même quantité équivalente à l'excès
du déblai sur le remblai dans le projet primitif.

En ce qui concerne les remblais, la distraction ne pourra
s'opérer qu'au dernier profil, sur la dernière ordonnée qui
représente l'excès des déblais, puisqu'en ce point il ne doit point
exister de remblai, ou du moins qu'il ne doit pas y en exister
dans la proportion admise.

Quant à la distraction à faire sur les déblais, elle est évidemment tout à fait arbitraire, et peut être opérée sur tous les points où existe cette nature de terrasses. Nous allons faire voir que c'est du choix à faire entre ces points, et de la proportion à admettre pour le dépôt fait à chacun d'eux, que dépendra la plus ou moins grande valeur de la distance moyenne des transports.

Remarquons, en effet, que dans la formule

$$x = \frac{Oe + O'e' + O''e'' + \ldots}{D + D' + D'' + \ldots}$$

le dénominateur peut être considéré comme une quantité constante; car, quelle que soit la position des déblais rejetés, ce dénominateur n'en sera pas moins, en définitive, équivalent à la somme des déblais diminuée de la grandeur du dépôt, quantité immuable.

Le numérateur de cette expression, c'est-à-dire la surface représentée par $Oe + O'e' + O''e'' + \ldots$, est au contraire une quantité essentiellement variable, dont la grandeur dépend par conséquent du choix de l'emplacement des dépôts et de la proportion admise pour chacun d'eux. La question se ramène donc à chercher quels sont les points et la proportion qui donneront un minimum de surface.

VIII — PRINCIPE DE RÉDUCTION

Pour résoudre ce problème, il faut auparavant établir un principe qui sert de base au procédé. Remarquons que la suppression d'un déblai quelconque ne peut se faire que sur l'un des échelons *ascendants* qui représentent, ainsi qu'il a été dit, les terrassements de cette nature. Supposons que l'on supprime une fraction de l'un de ces échelons, inférieure à la plus petite ordonnée positive parmi celles qui se rencontrent à partir du point de l'enlèvement, et examinons quelle conséquence il en résultera pour le mouvement..

On reconnaît, à la simple inspection de la figure 6, qu'à partir du point d'enlèvement, la ligne entière des échelons s'abaissera à la suite, verticalement et parallèlement à elle-même, d'une quantité égale à la partie enlevée. Dans cet abaissement, toutes les

2

ordonnées positives correspondantes diminueront de cette même quantité, et les ordonnées négatives s'augmenteront d'autant.

Quant à la surface, tous les rectangles de la partie supérieure de la figure, c'est-à-dire tous les rectangles formés par les ordonnées positives, seront *diminués* chacun d'un rectangle de même base et d'une hauteur équivalente à celle de la partie enlevée ; l'inverse aura lieu pour la partie inférieure de la figure, c'est-à-dire que les rectangles formés au moyen des ordonnées négatives seront *augmentés* de la même façon.

Ainsi, la soustraction de l'une des parties des échelons ascendants, faite en un point quelconque et dans une certaine limite, a pour effet de diminuer et d'augmenter à la fois la figure, depuis le point de l'enlèvement jusqu'à la dernière ordonnée, d'une succession continue de rectangles, tantôt retranchés, tantôt ajoutés, dont les dimensions sont connues, puisque leur hauteur, qui est constante, est équivalente à la partie enlevée, et que leurs bases ne sont autres que les distances qui séparent les centres de gravité successifs, ou les entreprofils eux-mêmes, si l'on suppose les profils déplacés à ces centres.

Le résultat final sera, par conséquent, une diminution ou une augmentation de la surface totale, suivant que la somme des rectangles retranchés l'emportera sur celle des rectangles ajoutés, ou inversement.

Pour que — par rapport à la quantité enlevée — la diminution de la surface soit aussi grande que possible, et que celle-ci devienne par conséquent un minimum, il n'y qu'à renverser l'opération, en la faisant partir de la dernière ordonnée, et qu'à établir successivement en chacun des points où peut se faire l'enlèvement, le résultat de la comparaison des rectangles complémentaires qui se trouvent compris entre cette dernière ordonnée et le point que l'on considère. On n'aura ensuite qu'à choisir parmi les résultats ainsi obtenus celui qui fournit le maximum de diminution.

Cette opération peut se faire très facilement : il suffit, en effet, de remarquer que tous les rectangles complémentaires ayant une hauteur constante, on n'a besoin d'opérer que sur leurs bases, c'est-à-dire sur les entreprofils. La position ou le signe de l'ordonnée à laquelle correspond chaque base, indiquera si elle doit être prise additivement ou soustractivement.

On voit, en définitive, que cette cumulation successive des bases équivaut, comme celle des terrasses, à un second nivellement marchant en sens inverse du premier, c'est-à-dire de droite à gauche si le premier est supposé marcher de gauche à droite, et que l'ordonnée maxima de ce second nivellement indiquera le point où doit se faire l'enlèvement pour obtenir la surface minima, puisqu'en ce point la réduction sera aussi grande que possible.

L'application de ce principe est d'autant plus facile que, dans ce nouveau nivellement, loin d'avoir à chercher toutes les ordonnées, il suffira de connaître celles qui se trouvent aux points de partage des masses de déblai et de remblai, c'est-à-dire celles qui se trouvent aux points où la ligne du mouvement rencontre l'axe horizontal et y établit des compensations partielles. En effet, toutes les ordonnées comprises entre deux points de passage consécutifs, se déterminant au moyen de l'addition de bases ou de quantités *de même signe*, vont toujours soit en croissant, soit en décroissant, de droite à gauche, et la dernière se trouve toujours maxima ou minima par rapport aux précédentes.

En outre, si l'on observe que dans cette nouvelle compensation, les ordonnées se calculent au moyen des intervalles qui les séparent, on reconnaît facilement que les ordonnées maxima et minima, positives ou négatives, peuvent se déterminer *à priori* au moyen de lignes inclinées à 45°, soit dans un sens, soit dans l'autre. Ce procédé est très expéditif et permet d'obtenir très facilement les ordonnées nécessaires, surtout si l'on fait usage de papier quadrillé pour le tracé de l'épure.

IX — CONSÉQUENCE D'UNE RÉDUCTION PARTIELLE

Nous avons supposé jusqu'à présent que la portion enlevée à l'un des échelons ascendants était inférieure à la plus petite des ordonnées positives, parmi celles qui se présentent à partir du point où se fait l'enlèvement. Cette supposition était nécessaire ; car, pour pouvoir compenser entre eux les rectangles complémentaires, il fallait que ces rectangles fussent chacun d'une nature homogène, c'est-à-dire ou entièrement additifs ou entièrement soustractifs. Ce résultat n'aurait pas été atteint, si l'enlèvement avait été supérieur à la plus petite ordonnée positive : on aurait pu avoir, dans ce cas, des rectangles de hauteur équivalente à l'enlèvement qui eussent été chacun en partie additif et en partie soustractif. Il devenait donc impossible de substituer les bases aux rectangles ; car, dans l'intervalle de l'opération de l'enlèvement, plusieurs ordonnées auraient pu changer de signe et en faire changer également aux entreprofils correspondants. Il importait donc, pour rendre la comparaison possible, de ne pas troubler la nature des éléments du mouvement primitif, et la supposition que nous avons faite a suffi pour cela.

Nous allons maintenant abandonner cette supposition. Mais auparavant, rappelons-nous bien que, d'après ce qui a été dit, nous avons deux compensations, l'une des terrasses, l'autre des entreprofils, partant la première de l'origine du projet, la seconde de son extrémité, soit, par exemple, l'une de gauche, l'autre de droite ; que ces deux compensations marchent en sens inverse l'une de l'autre, soit la première de gauche à droite, la seconde de droite à gauche ; qu'enfin, par suite, chacune d'elles finit par aboutir au point de départ de l'autre.

Si nous supposons ces deux compensations entièrement établies, rappelons-nous, en outre, que le dépôt doit se faire à l'ordonnée maxima de la compensation des entreprofils, et admettons actuellement que la quantité déposée soit non plus *inférieure*, mais *équivalente* à la plus petite des ordonnées positives de la compensation des terrasses parmi celles qui se présentent à partir du point de l'enlèvement, c'est-à-dire depuis l'ordonnée maxima de la compensation des entreprofils jusqu'à l'extrémité du projet. Nous allons voir quelles seront les conséquences d'une semblable supposition, et quelles modifications elle introduira, soit dans le mouvement des terres, soit dans la compensation des entreprofils.

Quant au mouvement des terres, il est évident qu'à partir de l'ordonnée maxima de la compensation des entreprofils, toutes les ordonnées positives des terrasses diminueront d'une quantité égale au dépôt, et que toutes les ordonnées négatives augmenteront d'autant, c'est-à-dire, en un mot, que la ligne entière du mouvement, à partir de ce point, sera abaissé d'une quantité équivalente à l'ordonnée qui a servi de guide pour la grandeur du dépôt.

Sur l'épure, au lieu d'effectuer immédiatement le dépôt et d'abaisser par conséquent cette ligne, on peut se contenter de mettre en évidence les résultats de l'opération. Il suffira pour cela de briser au point de dépôt l'axe de compensation AB et d'en remonter la partie CB d'une quantité équivalente en A'B' (fig. 7).

Quant à la compensation des entreprofils, remarquons que l'annulation de la plus petite ordonnée positive de la compensation des terrasses, qui a servi de guide pour la grandeur du dépôt, a pour effet de laisser dans l'indétermination le signe à attribuer dorénavant à l'entreprofil qui se trouve à sa droite, soit que cette ordonnée représente un déblai, soit qu'elle corresponde à un remblai, car la partie supérieure de l'échelon que détermine cette ordonnée, se confond actuellement avec l'axe de compensation. Quel signe doit-on dès lors attribuer à cet entreprofil dans la continuation de l'opération ? Evidemment celui qui répond à la nature de l'ordonnée avec laquelle il peut être appelé à engendrer un nouveau rectangle. En effet, tant que l'excès des déblais sur les remblais n'aura pas complétement disparu, il y aura lieu de continuer l'abaissement de la ligne du mouvement à partir de tel point ou de tel autre. Si, dans cette opération, l'échelon dont la partie supérieure se confond avec l'entreprofil est appelé à se mouvoir, il s'abaissera et engendrera un rectangle additif. L'entreprofil devra donc recevoir le signe —, puisqu'il ne peut plus être appelé à correspondre qu'à une ordonnée négative.

Du moment que cet entreprofil, affecté précédemment du signe +, prend le signe —, il est évident que dans le calcul de la compensation des entreprofils, au lieu d'être ajouté à l'ordonnée précédente, il en est retranché.

Par suite, le dépôt a pour effet, dès qu'on arrive à cet entreprofil, de faire baisser toute la compensation correspondante, du double de la longueur de celui-ci, ou, ce qui revient au même, du double de la longueur de la partie supérieure de l'échelon qui s'est confondu avec l'axe de compensation AB.

Ainsi, en résumant, le dépôt fait à l'ordonnée *maxima* de la compensation des entreprofils, d'une quantité égale à l'ordonnée *minima* de la compensation des terrasses, prise parmi celles qui se trouvent à la droite de la première, et au besoin sur celle-ci, a pour conséquence :

1° En ce qui concerne le mouvement des terres, de diminuer

toutes les ordonnées sur la droite, à partir de l'ordonnée maxima de la compensation des entreprofils, d'une quantité égale au dépôt;

2° En ce qui concerne la compensation des entreprofils, d'en diminuer toutes les ordonnées sur la gauche, dès qu'on arrive à l'entreprofil qui correspond à l'ordonnée minima, du double de cet entreprofil.

Nous avons dit que la première opération peut s'effectuer en exhaussant proportionnellement une partie de l'axe AB. Pour la seconde, il sera préférable, afin d'éviter toute confusion, d'abaisser réellement les lignes inclinées à 45° qui représentent la hauteur des ordonnées. On remarquera seulement qu'il suffit de faire cette opération depuis l'entreprofil correspondant à l'ordonnée minima du mouvement des terres qui sert de guide au dépôt, — jusqu'à l'ordonnée maxima de la compensation des entreprofils, afin de savoir si celle-ci reste toujours maxima par rapport à celles qui, situées à droite de cet entreprofil, n'ont pas varié. En effet, toutes les autres, situées à gauche de cette ordonnée maxima, lui étant nécessairement inférieures avant l'abaissement, et étant, par cette opération, atteintes de la même manière qu'elle, peuvent d'autant moins varier dans leurs positions respectives, quant à la hauteur, que les ordonnées du mouvement des terres qui leur correspondent, restent invariables.

<h3 style="text-align:center">X — COMPENSATION DÉFINITIVE</h3>

Quand, au moyen d'une parallèle à l'axe de compensation, menée par l'extrémité de l'ordonnée minima du mouvement des terres entre l'ordonnée maxima de la compensation des entreprofils et l'extrémité du projet, on a déterminé les nouvelles ordonnées positives du mouvement des terres; quand, par l'abaissement des lignes inclinées à 45° entre cette ordonnée maxima de la compensation des entreprofils et l'extrémité de l'entreprofil qui suit l'ordonnée minima du mouvement des terres dans la proportion du double de cet entreprofil, on a déterminé les modifications subies par les ordonnées de la compensation des entreprofils : il n'y a plus qu'à chercher la nouvelle ordonnée maxima de cette compensation , la nouvelle ordonnéé minima du mouvement des terres qui se trouve sur la droite, à partir dé la première ordonnée, et qu'à recommencer l'opération. On continuera ainsi jusqu'à ce qu'on soit parvenu à la compensation des déblais et des remblais.

Ce procédé est beaucoup plus expéditif qu'il ne le paraît peut-être au premier abord, et l'habitude permet de surmonter facilement les petites difficultés que peuvent présenter certaines circonstances, telles que la présence de plusieurs ordonnées maxima ou minima équivalentes ; la coïncidence au même point de l'ordonnée maxima et de l'ordonnée minima, l'absence d'ordonnées positives autres que $+o$, etc. Nous ne nous étendrons pas davantage sur ces faits exceptionnels, que chacun pourra traiter directement. Un exemple, dans lequel nous résumons tout ce qui a été dit, aidera mieux, au reste, à comprendre l'ensemble de la méthode et la manière de résoudre les cas particuliers qui peuvent s'y rencontrer que ne pourraient le faire de plus amples développements.

XI — APPLICATION A UN EXEMPLE

Supposons qu'il s'agisse de faire le calcul des terrassements nécessaires pour l'exécution d'un projet composé de 16 profils dont les numéros, les intervalles et les surfaces en déblai et en remblai sont consignés dans les colonnes 1 , 2 , 3 et 4 du tableau placé ci-après. Nous allons indiquer comment s'obtiendront successivement les divers résultats à inscrire dans les autres colonnes de ce tableau.

Les nombres à écrire dans la colonne 5 sont les épaisseurs des cubes de déblai et de remblai placés à chaque profil : on les calcule en prenant la demi-somme des distances du profil, aux deux profils entre lesquels il se trouve compris. Il suffira ensuite de multiplier les nombres des colonnes 3 et 4 par les nombres de la colonne 5, pour avoir les cubes de déblai et de remblai , qui seront inscrits, les premiers dans la colonne 6 et les seconds dans la colonne 11.

Les cubes de déblais ainsi obtenus ne sont pas définitifs : ils peuvent être augmentés du foisonnement, et diminués de certaines réserves de matériaux faites en vue de la construction de la chaussée et des ouvrages d'art. Tel est l'objet des colonnes 7, 8 et 9 du tableau, qui conduisent à une colonne 10 faisant connaître les cubes définitifs des déblais disponibles pour former les remblais.

Il faut nécessairement qu'il y ait égalité entre le volume total du déblai et celui du remblai. Si ces deux cubes ne sont pas égaux, nous devons donc commencer par les compenser.

Par la comparaison des totaux des colonnes 10 et 11, nous connaîtrons s'il y a excès ou insuffisance de déblai pour former le remblai, et leur différence nous indiquera, suivant le sens dans lequel elle sera prise, la grandeur du dépôt ou de l'emprunt à faire pour équilibrer les deux masses. Dans notre exemple, on constate ainsi que les déblais dépassent les remblais de 137 m. c. 61, et qu'il y a lieu par conséquent de rejeter des premiers une quantité équivalente.

Où et comment doit se faire cette distraction? Remarquons, en premier lieu, que, dans l'établissement de la compensation, il n'est pas nécessaire de considérer la totalité des volumes de déblai et de remblai. En effet, à chaque profil où se trouvent à la fois un cube de déblai et un cube de remblai, le plus petit de ces deux cubes se trouve naturellement compensé par une portion équivalente de l'autre : si ce plus petit cube est un déblai, il doit être employé à former une partie du remblai à établir en ce point; si, au contraire, c'est un remblai, il doit être formé au moyen d'une partie du déblai qui se trouve sur place. Il n'est donc nécessaire d'établir la compensation qu'entre les divers excès de déblais et de remblais qui résultent, à chaque profil, de la distraction du plus petit cube du plus grand.

Procédons, en conséquence, à la détermination de ces excès, en retranchant dans les colonnes 10 et 11 le plus petit cube du plus grand, et portons la différence dans la colonne 12 ou dans la colonne 13, suivant qu'elle représente un déblai ou un remblai. Si nous supposons que les circonstances physiques du sol ne nous fassent pas une obligation du choix de l'emplacement des dépôts et de la proportion à admettre pour les divers cubes de terre à rejeter en chaque point, nous devons naturellement chercher à faire des retroussements établis, quant à leurs positions et à leurs volumes, de manière à fournir le minimum de distance pour le transport du reste des déblais aux remblais.

Pour cela, prenons un axe horizontal A_1B_1 (fig. 8), et portons-y successivement, en partant de la gauche, les distances des centres de gravité des cubes de déblai et de remblai inscrits dans la colonne 14. Si l'on suppose que les cubes originaires des colonnes 6 et 11 soient représentés, conformément à l'hypothèse faite pour le calcul de leur volume, par des prismes ayant pour section transversale les surfaces indiquées par les colonnes 3 et 4, et pour longueur, les épaisseurs indiquées par la colonne 5 ; si l'on suppose encore que les diverses augmentations ou diminutions opérées sur ces cubes dans les colonnes 7, 9, 12 et 13 n'aient porté que sur leur section transversale, en laissant intacte leur longueur, on reconnaît que la distance du centre de gravité du cube placé à un profil, au centre de gravité du cube placé au profil suivant (col. 14), est égale à la demi-somme des épaisseurs qui correspondent à ces deux profils (col. 5).

Après avoir porté sur la ligne A_1B_1 les distances des centres de gravité données par la colonne 14, élevons des perpendiculaires en chacun des points ainsi obtenus. Il faudrait actuellement, d'après ce qui a été dit, porter sur chacune d'elles une longueur proportionnelle au volume du déblai ou du remblai correspondant (col. 12 et 13), en ayant soin de disposer les lignes représentant les déblais par échelons ascendants, et celles qui représentent les remblais par échelons descendants ; mais, pour opérer avec plus d'exactitude, et — comme on le verra plus loin — pour pouvoir déterminer la valeur numérique des divers dépôts, il sera préférable de rapporter le contour polygonal rectangulaire qui représente la disposition du mouvement des terres, au moyen d'ordonnées déterminées à l'aide des nombres des colonnes 12 et 13, considérés, les premiers comme additifs, les seconds comme soustractifs — absolument comme s'il s'agissait du calcul et du dessin d'un nivellement dans lequel ce contour figurerait le terrain naturel.

Prolongeons ensuite les perpendiculaires situées aux points où la ligne du mouvement rencontre l'axe horizontal de compensation, c'est-à-dire celles situées aux profils 1, 4 et 5. Par l'extrémité du projet, le profil n° 18, menons la ligne désignée par les indices 1, qui est inclinée à 45°, et qui est brisée à la rencontre de chacune de ces perpendiculaires, de façon à se trouver ascendante quand elle correspond aux ordonnées positives du mouvement des terres, et descendante quand elle correspond aux ordonnées négatives. Le tracé de cette ligne brisée s'opérera facilement, si l'on fait usage de papier quadrillé pour le tracé de l'épure; sinon il conviendra, pour plus d'exactitude, de la rapporter de la même façon que la première, c'est-à-dire au moyen d'ordonnées calculées à l'aide des distances des centres de gravité, celles-ci étant préalablement affectées du signe + ou du signe —, selon qu'elles correspondent à des ordonnées positives du mouvement des terres ou à des ordonnées négatives.

Cette seconde ligne menée, nous possédons tous les éléments nécessaires pour déterminer l'emplacement et la proportion des retroussements qui doivent donner le maximum d'économie. Nous n'avons en conséquence qu'à faire l'application de la règle que nous avons indiquée dans les paragraphes ix et x.

Premier dépôt. — L'ordonnée maxima de la ligne à 45°, ou de la compensation des entreprofils, est au profil n° 1; l'ordonnée minima du contour rectangulaire polygonal, ou du mouvement des terres, est au profil n° 4. Par l'extrémité de celle-ci, menons une parallèle A_2B_2 à l'axe de compensation A_1B_1 : elle détermine sur la première la grandeur du dépôt fait à l'emplacement de celle-ci, ou du premier dépôt.

Par suite de ce dépôt, l'entreprofil 3—4 est appelé à se confondre avec le nouvel axe de compensation. Comme conséquence de cette coïncidence, la ligne brisée, inclinée à 45°, est appelée à subir dans la partie correspondant à cet entreprofil, la modification désignée par l'indice 2, et à s'abaisser ensuite parallèlement à elle-même, d'une quantité équivalente au double de la longueur de l'entreprofil.

Deuxième dépôt. — L'ordonnée maxima de la compensation des entreprofils modifiée se trouve au profil n° 5; l'ordonnée minima du mouvement des terres, sur la droite, est double, et se trouve également au profil n° 8 et au profil n° 13. Par les extrémités de celles-ci, menons une parallèle A_3B_3 à l'axe de compensation. Elle détermine sur la première la grandeur du dépôt correspondant.

Par suite de ce dépôt, les deux entreprofils 8—9 et 13—14 sont appelés à se confondre avec le nouvel axe de compensation, et la ligne à 45° subit, dans les parties correspondantes, la double modification désignée par l'indice 3.

Cette modification n'ayant pas pour conséquence un changement de position de l'ordonnée maxima qui se trouve de nouveau au profil n° 5, il y a lieu de continuer le dépôt à ce profil en employant les diverses ordonnées minima du mouvement des terres, au fur et à mesure qu'elles se présentent sur la droite par ordre de grandeur, jusqu'à ce que les diverses modifications introduites dans la ligne à 45°, par la coïncidence des entre-profils correspondants avec les axes successifs de compensation, aient amené le déplacement du lieu de dépôt.

On emploiera ainsi successivement, après l'ordonnée du profil n° 6, les ordonnées des profils n°ˢ 7, 14 et 9. Les dépôts équivalents aux différences de toutes ces ordonnées, prises deux à deux, feront confondre les entreprofils 7—8, 14—15 et 9—10 avec les parallèles correspondantes, et amèneront dans la ligne à 45° les modifications désignées par les indices 4, 5 et 6. A cette dernière opération, le déplacement de l'ordonnée maxima, qui se transporte au profil n° 10, fait voir que le dépôt fait au profil n° 5 a atteint sa dernière limite.

Remarquons incidemment que si, dans la position de la ligne à 45°, qui se trouve désignée par l'indice 5, il y avait indécision pour le choix de l'ordonnée maxima entre les grandeurs linéaires des ordonnées de la compensation des entreprofils situées aux profils n°ˢ 5 et 9, on obtiendrait la valeur de leur différence numérique, en retranchant la somme des entreprofils 7—8—9 de la somme des entreprofils 5—6—7.

Troisième dépôt. — Nous avons dit que la nouvelle ordonnée maxima se trouvait au profil n° 10 ; l'ordonnée minima sur la droite sera double et se trouvera à la fois au profil n° 12 et au profil n° 15. La parallèle A_7B_7, menée par leur extrémité, déterminera la grandeur du troisième dépôt.

Par suite, les deux entreprofils 12—13, 15—16 sont amenés à se confondre avec le nouvel axe de compensation, et la ligne à 45° subit dans les parties correspondantes la double modification désignée par l'indice 7.

Quatrième dépôt. — L'ordonnée maxima et l'ordonnée minima se trouvent simultanément au profil n° 16. Il n'y a donc qu'à déposer à ce profil le cube qui s'y trouve, ce qui amène la coïncidence de l'entreprofil 16—17 avec l'axe et la modification 8 de la ligne à 45°.

Cinquième dépôt. — Cas identique au précédent : dépôt du cube placé au profil n° 17 ; confusion de l'entreprofil **17—18** avec l'axe de compensation ; modification 9 de la ligne à 45°.

Sixième dépôt. — Même cas : dépôt final du cube placé au profil n° 17 qui complète le dépôt total et qui établit la compensation des déblais et des remblais.

On voit qu'à chaque dépôt partiel, la règle est toujours la même et qu'elle consiste :

1° A chercher l'ordonnée maxima de la compensation des entreprofils et l'ordonnée minima du mouvement des terres qui se trouve sur la droite ;

2° A mener, par l'extrémité de celle-ci, une parallèle qui détermine sur la première la grandeur du dépôt ;

3° A faire subir à la ligne à 45°, la modification nécessitée par la coïncidence de l'entreprofil qui suit l'ordonnée minima, avec l'axe de compensation, après l'exhaussement de ce dernier.

Remarquons qu'il n'est pas nécessaire de pousser ces dernières modifications au delà de l'ordonnée maxima, sur la gauche de celle-ci : nous en avons expliqué plus haut la raison.

Si l'on éprouvait quelque difficulté à saisir les corrélations qui se présentent pendant le cours de l'opération, entre les exhaussements partiels et successifs de l'axe et la ligne à 45°, on n'aurait qu'à effectuer les dépôts au fur et à mesure de leur détermination. Leur enlèvemeut s'opérerait en abaissant chaque fois d'une quantité équivalente la suite du mouvement des terres. On obtiendrait ainsi une concordance permanente entre les deux compensations des terres et des entreprofils ; mais on compliquerait considérablement le procédé. Avec un peu de pratique, on reconnaîtra qu'il est infiniment plus simple de laisser subsister les dépôts sur la figure, jusqu'à ce que la compensation soit obtenue.

En maintenant les dépôts sur la figure, on voit qu'ils s'y superposent absolument comme les déblais, c'est-à-dire par échelons ascendants se terminant à l'extrémité du dernier déblai ou remblai. Les côtés verticaux des échelons représentent la grandeur des dépôts, et leur partie supérieure — celle qui est horizontale — représente la situation définitive de la portion correspondante de l'axe de compensation, telle qu'elle sera après que l'opération aura été effectuée. Si l'on veut déterminer la situation graphique du mouvement après l'établissement de la compensation, il n'y a qu'à supprimer les côtés verticaux des échelons qui indiquent les dépôts : l'on obtient ainsi la figure 9 qui résume le mouvement réduit à sa plus simple expression.

En opérant sur de nouveaux exemples, on observera que la méthode tend en général à amener la partie supérieure des échelons de déblai et de remblai à se confondre avec l'axe horizontal, de manière à établir le plus grand nombre de compensations partielles, aussi indépendantes que possible les unes des autres.

La valeur numérique des dépôts s'obtiendra en prenant la différence des ordonnées qui correspondent aux deux parallèles entre lesquelles chacun d'eux se trouve compris. En désignant les dépôts successifs par les lettres δ, δ', δ'', etc., on aura ainsi :

$$\text{Au profil n}^\text{o} \ 1, \ \delta \ = \ 16{,}58 \ - \ 0{,}00 \ = \ 16{,}58$$
$$\text{N}^\text{o} \ 5, \ \delta' \ = \ 62{,}05 \ - \ 16{,}58 \ = \ 45{,}47$$
$$\text{N}^\text{o} \ 10, \ \delta'' \ = \ 79{,}94 \ - \ 62{,}05 \ = \ 17{,}89$$
$$\text{N}^\text{o} \ 16, \ \delta''' \ = \ 116{,}63 \ - \ 79{,}94 \ = \ 36{,}69$$
$$\text{N}^\text{o} \ 17, \ \delta^\text{iv} \ = \ 126{,}14 \ - \ 116{,}63 \ = \ 9{,}51$$
$$\text{N}^\text{o} \ 18, \ \delta^\text{v} \ = \ 137{,}61 \ - \ 126{,}14 \ = \ 11{,}47$$

Les trois derniers dépôts auraient pu être obtenus sans calcul, puisqu'ils représentent chacun la totalité du cube de déblai qui se trouve au profil correspondant.

Introduisons ces valeurs dans la colonne 15, en regard des numéros des profils auxquels elles s'appliquent. Il suffira de les retrancher des nombres correspondants de la colonne 10, pour obtenir les nombres de la colonne 17 qui représentent les nouveaux cubes du déblai compensé avec la masse du remblai (1).

Procédons à présent à la distribution des déblais, en distinguant d'abord les terrassements qui doivent être exécutés dans l'étendue correspondant à chaque profil ou sur place, de ceux

(1) Il semblerait peut-être plus rationnel de retrancher directement les nombres de la colonne 15 de ceux de la colonne 12, en considérant les terrassements qui se compensent naturellement d'eux-mêmes à chaque profil, comme représentant les déblais à mettre en remblai sur place. Mais cette dernière supposition ne serait plus applicable aux emprunts. En effet, ceux-ci, comme on le verra plus loin, doivent se faire en principe aux emplacements occupés par les excès de remblai. Il y aura donc de nouveaux emplois à faire sur place qui échapperaient à cette nouvelle disposition.

qui doivent être exécutés hors du profil. On a vu, en effet, que la première règle à suivre pour cette répartition consiste à employer en remblai, par un simple jet à la pelle, toute la partie des déblais qui peut y trouver sa place, sauf à compléter, s'il y a lieu, les remblais au moyen de terres étrangères à ce profil, ou à transporter sur d'autres points les déblais surabondants.

Ce premier résultat s'obtiendra en inscrivant dans la colonne 18 le plus petit des deux cubes de déblai et de remblai donnés, pour chaque profil, par les colonnes 11 et 17.

Les nombres de la colonne 18 représentant les quantités de déblai mises en remblai sur place, devront, par conséquent, être distraits à la fois des cubes correspondants des deux colonnes 11 et 17. L'un de ces deux cubes se trouvant équivalent à celui qui est retranché, on voit qu'on n'aura, en définitive, qu'une différence unique, et que cette différence peut être immédiatement obtenue en retranchant dans ces deux colonnes le plus petit cube du plus grand, absolument comme il a été fait pour les colonnes 10 et 11, lors de l'établissement de la compensation. La différence sera portée dans l'une ou l'autre des colonnes 19 et 20, suivant le cas (1).

Pour obtenir maintenant la compensation particulière de ces divers cubes entre eux, il n'y a qu'à considérer les déblais comme affectés du signe +, les remblais du signe —, et qu'à cumuler successivement par profil, dans la colonne 21, suivant leur ordre de présentation et en tenant compte de leur signe, les nombres des deux colonnes 19 et 20, absolument comme s'il s'agissait de calculer les ordonnées d'un nivellement. On parviendra nécessairement à un résultat nul, pour la dernière ordonnée.

Le produit des nombres de la colonne 21, abstraction faite de leur signe, par les nombres de la colonne 14, c'est-à-dire le produit des ordonnées par les intervalles qui les séparent, donnera (col. 22) les surfaces rectangulaires dont la somme représente l'aire numérateur de la formule qui donne la distance moyenne des transports. Pour obtenir cette distance moyenne, il n'y a donc qu'à diviser le total de la colonne 22, par la somme des cubes à transporter. Cette somme est donnée par le total de la

---

(1) On pourra, au reste, pour remplir ces colonnes, utiliser les calculs précédents des colonnes 12 et 13, toutes les fois que ceux-ci n'auront pas été modifiés.

colonne 19. En représentant par Δ la distance moyenne minima, on aura donc :

$$\Delta = \frac{4659,74}{161,35} = 28^m\ 88$$

Avec des dépôts faits au hasard, la distance moyenne pourrait varier dans des proportions considérables. Dans la disposition indiquée par la figure 10, par exemple, où l'on commence par effectuer les dépôts au fur et à mesure de la rencontre des déblais, elle serait de 86^{m}83, c'st-à-dire trois fois plus grande.

On voit par ce dernier exemple quel avantage il y aura à pouvoir calculer la moindre distance, ou du moins à approcher autant que possible du minimum, si les circonstances physiques du sol ne laissent pas à cet égard toute latitude à l'opérateur. En effet, dans ce dernier cas, le procédé pourra toujours servir de guide, puisque, tout en faisant disparaître l'indétermination et l'obscurité qui présidaient à l'établissement des transports, il permet de saisir les moindres détails de cette opération. On pourra donc, au besoin, modifier les règles que nous avons données, pour les astreindre à se plier aux exigences résultant de circonstances imprévues, ou du moins l'on pourra, dans tous les cas, ne plus opérer au hasard, et se rendre exactement compte du degré de convenance des dispositions qu'on se propose d'arrêter.

Enfin dans la colonne 23, on établira les limites des diverses compensations partielles, en cumulant ensemble les nombres de la colonne 14, qui correspondent, dans la colonne 21, à une suite d'ordonnées de même signe, pourvu toutefois que ces ordonnées ne soient pas nulles. Nous avons dit dans le paragraphe vi, que ces limites ne devaient pas dépasser la distance au delà de laquelle il serait plus avantageux de rejeter le déblai et d'emprunter le remblai, plutôt que d'employer le premier à former le second.

XII — DES EMPRUNTS

Jusqu'à présent, nous n'avons considéré que le cas où les déblais excèdent les remblais, c'est-à-dire le cas de dépôt. Examinons maintenant le cas inverse : celui où les remblais excèdent les déblais, c'est-à-dire le cas d'emprunt.

Si l'on fait abstraction des circonstances physiques qui peuvent être inhérentes au projet, l'emprunt doit évidemment se faire aux emplacements occupés par les remblais. En effet, si dans le cas de dépôt on retrousse les déblais surabondants en cavaliers sur les terres riveraines, dans le cas d'emprunt, au contraire, ce sont les terres riveraines qui doivent être retroussées en remblai sur l'emplacement de la voie.

Les emprunts peuvent donc être représentés d'une manière analogue à celle que nous avons employée pour les dépôts, soit par la suppression d'une partie des échelons descendants qui représentent les remblais.

Si l'on remarque que les déblais et les remblais ne sont distingués, dans tout ce qui précède, que par la différence du signe qui est $+$ pour les premiers et $-$ pour les seconds, on reconnaît *à priori*, sans qu'il soit besoin de reprendre la filière des raisonnements, que les règles à appliquer aux emprunts seront identiques avec celles qui ont été appliquées aux dépôts, sauf les inversions résultant de l'opposition des signes.

Ainsi, par exemple, on reconnaîtra, de prime abord, que lorsque les remblais dépassent les déblais, la dernière ordonnée est négative, et que sa valeur numérique représente la grandeur de de l'emprunt.

Si l'on observe ensuite que la suppression d'une partie quelconque de l'un des échelons descendants, faite dans une certaine limite, a pour résultat d'exhausser et non plus d'abaisser la ligne du mouvement, on en conclura qu'au rebours de ce qui se passe dans le cas de dépôt, ce sont maintenant les surfaces de la partie supérieure de la figure qui sont augmentées dans la proportion de la partie enlevée, et celles de la partie inférieure qui sont diminuées.

Enfin, en reprenant les mêmes raisonnements que dans le cas de dépôt, et en distingnant les signes, on en arrivera à conclure aussi :

1° Que l'emprunt doit se faire à l'ordonnée maxima *négative* de la compensation des entreprofils, établie comme précédemment, et qu'il doit être maintenu dans la proportion de l'ordonnée minima *négative* du mouvement des terres, qui se trouve sur la droite de la première ;

2° Que cette opération peut être représentée sur la figure au moyen d'une parallèle à l'axe de compensation, menée par l'extrémité de la seconde de ces ordonnées, et déterminant sur la première la grandeur de l'emprunt;

3° Que par suite de cet emprunt partiel, l'entreprofil qui suit l'ordonnée minima *négative* est appelé à se confondre avec l'axe de compensation, d'où résulte, à partir de l'extrémité de l'entreprofil, un *exhaussement* de la ligne à 45° dans une proportion égale au double de la longueur de cet entreprofil.

En appliquant successivement ces trois règles, jusqu'à ce que l'ordonnée du dernier profil ait disparu, on verra que les emprunts seront disposés de la même façon que les remblais, c'est-à-dire sous la forme d'une série d'échelons descendants, qui aboutira à l'extrémité du dernier déblai ou remblai.

Après avoir calculé, par la différence des ordonnées correspondantes, la valeur numérique de chaque emprunt partiel, on n'aura qu'à introduire les nombres qui en résulteront dans la colonne 16 du tableau en regard des profils auxquels ils correspondent. L'opération se continuera ensuite comme il a été dit, avec cette seule différence que les nombres de la colonne 16 seront ajoutés à ceux de la colonne 10, au lieu d'être retranchés de ces derniers comme dans le cas de dépôt.

La figure 11 est supposée représenter un mouvement à réduire dans le cas d'emprunt. La figure 12 représente ce mouvement réduit par le procédé, et la figure 13 le représente réduit au hasard, ou du moins en commençant par établir la compensation. La distance moyenne du transport, qui est de 27 mètres seulement, dans le premier cas, serait de 86 mètres dans le second : de tels chiffres n'ont pas besoin de commentaires.

NOTE

SUR LES COURBES DE RACCORDEMENT

I — INSUFFISANCE DE LA MÉTHODE DE L'ANGLE INSCRIT

La question du raccordement de deux alignements droits, au moyen d'un arc de cercle, se présente à chaque instant dans l'étude et le tracé des projets de routes. Une méthode facile pour opérer ce raccordement est celle dite de *l'angle inscrit*, qui consiste à déterminer d'abord l'angle constant que font deux cordes supplémentaires de l'arc — angle qui est égal à celui des deux alignements augmenté de la moitié de son supplément — puis à tracer la courbe au moyen d'un graphomètre ouvert à cet angle, et dont les deux lignes de visée sont assujetties à passer par les deux points de tangence.

Malheureusement cette méthode, d'une simplicité primitive, est souvent inapplicable : elle exige, en effet, que l'opérateur puisse embrasser d'un seul coup d'œil tout le plan de la courbe, ce qui n'a lieu que dans des cas exceptionnels, ou du moins assez rares. On a donc été conduit à créer de nouvelles méthodes de raccordement. Ces méthodes ne présentent pas en général toute la simplicité désirable, car elles exigent soit de nombreux calculs, soit le tracé d'une infinité de lignes auxiliaires sur le terrain.

Celle qui est souvent regardée comme la plus simple et qui est la plus communément employée, la méthode dite *des ordonnées*, qui consiste à déterminer la courbe au moyen d'ordonnées sur les tangentes, présente de nombreux inconvénients. En premier lieu, elle exige le calcul du rayon en fonction de la tangente, ou bien le calcul de la tangente en fonction du rayon, si, pour éviter d'interminables opérations, on se sert de rayons déterminés d'avance et dont les ordonnées ont été préalablement calculées. En second lieu, le tracé du grand nombre de lignes auxiliaires qu'elle demande la rend souvent impraticable : s'il s'agit d'études faites dans un bois épais, par exemple, elle exige, pour le tracé de ces lignes, l'abattage de presque tout le bois contenu dans le plan de la courbe, et ne supplée plus, par conséquent, à la première méthode.

La difficulté d'avoir des méthodes promptes et faciles pour les raccordements fait que la plupart des opérateurs, étudiant sur le terrain, placent leurs piquets de nivellement sur les alignements droits, et n'opèrent le raccordement au moyen de courbes que dans le bureau. Mais, dans ce cas, il y a lieu de modifier plus tard toutes les études faites sur le terrain, et d'apporter aux profils en long et en travers des corrections difficiles, qui ne sauraient jamais présenter une bien grande exactitude.

Nous posons en principe qu'il est de toute nécessité de placer, lors des études sur le terrain, les piquets de nivellement sur les courbes de raccordements, et de les déterminer absolument de la même manière que sur les alignements droits, c'est-à-dire par un chaînage sur la courbe. Il faut, en un mot, pour arriver au plus grand degré de simplicité possible dans les études de routes, que les plans, profils en long et profils en travers, soient levés sur le terrain comme ils seront rapportés dans le projet : toute modification et tout remaniement ultérieurs ne sont qu'un embarras.

Il faut donc des méthodes simples et rapides pour le tracé des courbes, lors des études sur le terrain.

Nous remarquerons, pour arriver à ce but, qu'une courbe étant déterminée par les tangentes et leur angle, qui sont déjà tracés sur le terrain et qui en donnent deux points, on doit exclure de toute méthode expéditive de tracé l'introduction du rayon, élément nouveau, fort inutile à connaître, et qui ne peut, en conséquence, que compliquer.

La méthode citée en premier lieu, celle de l'*angle inscrit*, remplit parfaitement ce but ; aussi conseillons-nous de l'employer dans tous les cas où elle sera possible.

Pour les cas où cette première méthode ne serait pas suffisante, nous allons en donner une seconde, dispensant également de l'emploi du rayon. Son établissement, comme on le verra plus loin, est des plus faciles, et, reposant sur des lignes de visée de peu de portée, elle est, en toute circonstance, parfaitement applicable. Le tracé peut s'obtenir avec la chaîne. Ce procédé est même le plus simple ; mais comme, dans un bois épais, l'emploi de cet instrument exigerait encore un abattage d'arbres assez considérable, nous indiquerons, en outre, le moyen de l'employer avec le graphomètre, moyen qui n'exige le passage de l'opérateur que sur la courbe elle-même.

Pour rendre plus manifeste la simplicité de cette méthode, nous donnerons, à la suite, des tables qui dispensent de tout calcul dans l'application de la courbe sur le terrain.

II — PRINCIPE DE DÉVIATION

Nous allons d'abord exposer le principe sur lequel repose la méthode.

Soit AB (fig. 14), un arc de cercle, et O, le centre du cercle ; menons la corde AB et les rayons OA OB, nous déterminons ainsi un triangle isocèle ABO. Menons actuellement la ligne AC égale à la ligne AB et faisant avec elle un angle CAB égal à l'angle AOB, nous déterminerons ainsi un second triangle isocèle CAB semblable au premier AOB. On aura donc, CB : AB :: AB : OB ;

d'où l'on tire $CB = \dfrac{AB^2}{OB}$.

Cette formule permet de tracer, par points, la suite de l'arc. Prolongeons, en effet, AB d'une quantité BD = AB, et des points B et D comme centres, avec BX = AB et DX = CB comme rayons, décrivons deux arcs qui se coupent : leur intersection sera un point de l'arc. Pour le démontrer, il suffit de faire voir que OX = OB, ce qui aura lieu si l'angle XBO = BAO. Or, l'angle DBO est le supplément de ABO, on a donc par le triangle ABO :

$$DBO = BAO + BOA$$

Mais BOA = CAB = DBX,
Donc DBO = BAO + DBX,
D'où DBO — DBX = BAO,
Ou XBO = BAO.

En continuant ainsi, on obtiendrait une suite de points de l'arc d'autant plus rapprochés que la corde AB aurait moins d'étendue.

Il est bon de remarquer que la ligne AE, hauteur du triangle isocèle ABC, est une tangente à l'arc, car l'angle

$$\text{EAO} = \text{EAB} + \text{BAO} = \frac{1}{2}\,\text{BOA} + \text{BAO} = 1d.$$

Le principe précédent exigeant, pour le tracé d'un arc de cercle, qu'on en connaisse le rayon, n'est point, en l'état, applicable aux arcs de raccordement, pour lesquels on ne connaît que l'amplitude de l'angle des alignements droits à raccorder et la longueur des tangentes qui comprennent la courbe. Pour que cette application puisse se faire, il nous faut évidemment éliminer de la formule précitée le rayon qui nous est inconnu, pour le remplacer par des relations qui ne dépendent que de l'ouverture de l'angle et de la longueur des tangentes. Désignons, à cet effet, le rayon OB par R, la corde AB par C, et la ligne BD par D, la formule devient alors :

$$\text{D} = \frac{\text{C}^2}{\text{R}}.$$

Représentons actuellement par $x = \dfrac{\text{T}}{\text{R}}$ *le rapport de la tangente au rayon* dans l'angle des alignements droits à raccorder. Nous tirons de cette relation qui nous est toujours facile à connaître, car la valeur de x n'est autre que la *co-tangente trigonométrique naturelle de la moitié de l'angle*,

$$\text{R} = \frac{\text{T}}{x}.$$

En substituant cette valeur de R dans la formule ci-dessus, elle devient :

$$\text{D} = \frac{\text{C}^2}{\dfrac{\text{T}}{x}} = \frac{\text{C}^2}{\text{T}}\,x.$$

La formule est maintenant parfaitement applicable aux arcs de raccordement. Pour tracer un de ces arcs, il n'y aura qu'à déterminer la valeur de x en raison de l'ouverture de l'angle à raccorder; on calculera ensuite la valeur de D en fonction de x, de la longueur T de la tangente, et d'une corde arbitraire C qu'on choisira plus ou moins grande, suivant l'intervalle qu'on désirera obtenir entre les points du tracé. On déterminera enfin la courbe au moyen de C et de D, ainsi qu'il a été dit plus haut. On observera toutefois que, l'arc devant être tangent à l'alignement droit au point A, le premier point B du tracé s'obtiendra en faisant coïncider le sommet du premier triangle isocèle ABC avec le point de tangence, et la hauteur AE de ce même triangle avec l'alignement droit.

Il est évident qu'en prenant C suffisamment petit, la méthode précédente n'exigerait que des lignes de petite visée et ne demanderait le passage de l'opérateur que sur les parties de terrains qui avoisinent la route. On pourrait même choisir C de telle façon que la valeur de D ne nécessitât ce passage que sur l'emplacement à occuper plus tard pour la route, en sorte que la méthode serait même applicable dans un bois épais, puisqu'elle n'exigerait point, pour le tracé de la courbe, d'abattage inutile de bois. Cependant, si l'on voulait, dans ce dernier cas, ne se livrer qu'à de simples études, on pourrait désirer, pour ne pas faire de dommages inutiles, se maintenir sur la courbe elle-même. On modifierait alors la méthode ainsi que nous allons l'indiquer.

Si l'on connaissait la corde AB et l'angle constant ABX, il serait facile de tracer la courbe au moyen d'un graphomètre, en ne s'éloignant pas sensiblement de son tracé, pourvu toutefois que, dans la détermination du premier point B, on se contentât de l'angle $90° + \frac{1}{2}$ ABX, en plaçant le sommet de l'angle au point de tangence, et l'un de ses côtés sur l'alignement droit en prolongement de la tangente. Or, la corde AB ou C est connue, puisqu'on la choisit arbitrairement ; quant à l'angle ABX, on le déterminera par l'angle AOB, qui est son supplément, puisque ABX = ABO + BAO. Ce dernier angle AOB est facile à trouver, car il est égal à CAB, angle déterminé par les rapports $\frac{D}{C}$ des deux quantités connues D et C. En considérant D comme une corde et C comme un rayon, le rapport $\frac{D}{C}$ exprime par conséquent le double sinus naturel correspondant au $\frac{1}{2}$ angle CAB.

III — APPLICATION ET TABLES

L'application de la méthode de raccordement que nous venons d'indiquer ne saurait présenter aucune difficulté. Il suffit d'avoir une table de co-tangentes trigonométriques naturelles, et si l'on choisit pour la valeur de C la longueur de la chaîne ordinaire, 10 mètres, il devient très facile d'obtenir les diverses valeurs de D correspondant aux tangentes composées d'un nombre entier de décamètres, ainsi qu'on les choisit d'habitude. En effet, la formule $D = \dfrac{C^2}{T} x$ devient alors $D = \dfrac{100}{T} x$. Si l'on fait successivement dans cette formule

$$T = 10, 20, 30, 40, 50 \ldots\ldots 100, 110, 120, \text{etc.},$$

les valeurs correspondantes de D deviennent

$$D = \frac{1}{1} 10x, \; \frac{1}{2} 10x, \; \frac{1}{3} 10x, \; \frac{1}{4} 10x, \; \frac{1}{5} 10x \ldots$$

$$\frac{1}{10} 10x, \; \frac{1}{11} 10x, \; \frac{1}{12} 10x, \text{etc.}$$

On voit donc que, pour connaître la valeur de D correspondant à une tangente composée d'un nombre entier de décamètres, pour un angle de raccordement donné, il suffit : *1° de chercher la co-tangente trigonométrique naturelle de la moitié de cet angle; 2° de multiplier cette co-tangente par 10; 3° de diviser le résultat par le nombre de décamètres contenus dans la tangente.*

Soit, par exemple, à raccorder un angle de 135° avec des tangentes de 10 mètres. La co-tangente trigonométrique de la moitié de 135° ou de 67° 30', est 0.4142; la valeur de D est donc $\dfrac{4.142}{4} = 1.035$.

Pour tracer ensuite la courbe, on formera avec un cordeau ou des chaînes ordinaires le triangle isocèle, dont les deux côtés constants sont égaux à 10 mètres, et dont le troisième, variable, est ici égal à 1,035. Pour déterminer le premier point de la courbe, on placera le triangle sur l'alignement droit, de façon que son sommet coïncide avec le point de tangence A et que la tangente passe par le milieu de sa base, à 0,517 de l'un des deux autres sommets : l'une des extrémités de la base donnera un point de la courbe B. Quand on connaît les deux points A et B, le suivant se détermine facilement : il suffit de placer des jalons en A et en B et de transporter le triangle isocèle sur l'emplacement BDX, de façon que l'un de ses côtés BD soit en prolongement de AB. On détermine ainsi un troisième point X, donné par le sommet opposé au côté mis en prolongement, et à l'aide duquel on détermine de la même façon un quatrième point.

Pour rendre la méthode applicable au cas ou l'on voudrait opérer le tracé de la courbe sans s'éloigner sensiblement de ce tracé, il faudrait connaître l'ouverture de l'angle ABX que font entre elles deux cordes successives de 10 mètres. Deux moyens se présentent pour déterminer cet angle : *l'on peut chercher dans une table de cordes ou de doubles sinus l'angle correspondant à la valeur $\dfrac{D}{C}$ ou à $\dfrac{1}{10}$ D et prendre son supplément* ; ou bien, l'on peut construire sur le terrain le triangle isocèle dont il a été parlé plus haut, relever l'angle adjacent à la base et prendre le double de cet angle. L'angle ABX étant ainsi déterminé, il suffira, pour trouver le premier point de la courbe, de placer au point de tangence A un graphomètre ouvert à l'angle $90° + \dfrac{1}{2}$ ABX, dont une ligne de visée suivra la direction AF, et de mesurer ensuite sur l'autre ligne de visée une longueur AB = 10 mètres. Pour trouver un autre point, il suffit de transporter au point B l'instrument ouvert dorénavant à l'angle constant ABX, en faisant coïncider une des lignes de visée avec AB, et de mesurer sur l'autre ligne de visée une longueur BX = 10 mètres. Ainsi, dans l'exemple ci-dessus D = 1.035, $\dfrac{D}{C}$ est donc égal à 0.1035, corde qui correspond à l'angle 5° 56', dont le supplément ABX est 174° 04' ; l'angle qui déterminera le premier point sera donc $90° + \dfrac{174°04'}{2} = 177°02'$, et l'angle qui déterminera les autres points, 174°04'.

Il est extrêmement facile de construire des tables qui dispensent de tout calcul sur le terrain, soit qu'on opère avec la chaîne, soit qu'on opère avec le graphomètre. Nous nous bornons à donner ci-après celles que nous avons dressées pour le premier cas.

OUVERTURE de l'angle	VALEUR DE D CORRESPONDANT A UNE TANGENTE DE								
	20 m. $\frac{1}{2}$ 10x.	30 m. $\frac{1}{3}$ 10x.	40 m. $\frac{1}{4}$ 10x.	50 m. $\frac{1}{5}$ 10x.	60 m. $\frac{1}{6}$ 10x.	70 m. $\frac{1}{7}$ 10x.	80 m. $\frac{1}{8}$ 10x.	90 m. $\frac{1}{9}$ 10x.	100 m. $\frac{1}{10}$ 10x. ou x (1).
60°	8.66	5.77	4.33	3.46	2.88	2.47	2.16	1.92	1.73
61	8.48	5.65	4.24	3.39	2.82	2.42	2.12	1.88	1.69
62	8.32	5.54	4.16	3.32	2.77	2.37	2.08	1.84	1.66
63	8.15	5.43	4.07	3.26	2.71	2.33	2.03	1.81	1.63
64	8.00	5.33	4.00	3.20	2.66	2.28	2.00	1.77	1.60
65	7.84	5.25	3.92	3.13	2.61	2.24	1.96	1.74	1.56
66	7.69	5.13	3.84	3.07	2.56	2.19	1.92	1.71	1.53
67	7.55	5.03	3.77	3.02	2.51	2.15	1.88	1.67	1.51
68	7.41	4.94	3.70	2.96	2.47	2.11	1.85	1.64	1.48
69	7.27	4.85	3.63	2.91	2.42	2.07	1.81	1.61	1.45
70	7.14	4.76	3.57	2.85	2.38	2.04	1.78	1.58	1.42
71	7.00	4.67	3.50	2.80	2.33	2.00	1.75	1.55	1.40
72	6.88	4.58	3.44	2.75	2.29	1.96	1.72	1.52	1.37
73	6.75	4.50	3.37	2.70	2.25	1.93	1.68	1.50	1.35
74	6.63	4.42	3.31	2.65	2.21	1.89	1.65	1.47	1.32
75	6.51	4.34	3.25	2.60	2.17	1.86	1.63	1.44	1.30
76	6.39	4.26	3.19	2.55	2.13	1.82	1.59	1.42	1.27
77	6.28	4.19	3.14	2.51	2.09	1.79	1.57	1.39	1.25
78	6.17	4.11	3.08	2.46	2.05	1.76	1.54	1.37	1.23
79	6.06	4.04	3.03	2.42	2.02	1.73	1.51	1.34	1.21
80	5.95	3.97	2.97	2.38	1.98	1.70	1.48	1.32	1.19
81	5.85	3.90	2.92	2.34	1.95	1.67	1.46	1.30	1.17
82	5.75	3.83	2.87	2.30	1.91	1.64	1.43	1.27	1.15
83	5.65	3.76	2.82	2.26	1.88	1.61	1.41	1.25	1.13
84	5.55	3.70	2.77	2.22	1.85	1.58	1.38	1.23	1.11
85	5.45	3.63	2.72	2.18	1.82	1.55	1.36	1.21	1.09
86	5.36	3.57	2.68	2.14	1.78	1.53	1.34	1.19	1.07
87	5.26	3.51	2.63	2.10	1.75	1.50	1.31	1.17	1.05
88	5.17	3.45	2.58	2.07	1.72	1.47	1.29	1.15	1.03
89	5.08	3.39	2.54	2.03	1.69	1.45	1.27	1.13	1.01
90	5.00	3.33	2.50	2.00	1.66	1.42	1.25	1.11	1.00
91	4.91	3.27	2.45	1.96	1.63	1.40	1.22	1.09	0.98
92	4.82	3.21	2.41	1.93	1.60	1.37	1.20	1.07	0.96
93	4.74	3.16	2.37	1.89	1.58	1.35	1.18	1.05	0.94
94	4.66	3.10	2.33	1.86	1.55	1.33	1.16	1.03	0.93
95	4.58	3.05	2.29	1.83	1.52	1.30	1.14	1.01	0.91
96	4.50	3.00	2.25	1.80	1.50	1.28	1.12	1.00	0.90
97	4.42	2.94	2.21	1.76	1.47	1.26	1.10	0.98	0.88
98	4.34	2.89	2.17	1.73	1.44	1.24	1.08	0.96	0.86
99	4.27	2.84	2.13	1.70	1.42	1.22	1.06	0.94	0.85
100	4.19	2.79	2.09	1.67	1.39	1.19	1.04	0.93	0.83
101	4.12	2.74	2.06	1.64	1.37	1.17	1.03	0.91	0.82
102	4.04	2.69	2.02	1.61	1.34	1.15	1.01	0.89	0.80
103	3.97	2.65	1.98	1.59	1.32	1.13	0.99	0.88	0.79

(1) Co-tangente trigonométrique naturelle de la moitié de l'angle.

OUVERTURE de l'angle.	VALEUR DE D CORRESPONDANT A UNE TANGENTE DE								
	20 m. $\frac{1}{2}10x.$	30 m. $\frac{1}{3}10x.$	40 m. $\frac{1}{4}10x.$	50 m. $\frac{1}{5}x.$	60 m. $\frac{1}{6}10x.$	70 m. $\frac{1}{7}10x.$	80 m. $\frac{1}{8}10x.$	90 m. $\frac{1}{9}10x.$	100 m. $\frac{1}{10}10x$ ou $x.$
104°	3.90	2.60	1.95	1.56	1.30	1.11	0.97	0.86	0.78
105	3.85	2.56	1.91	1.53	1.27	1.09	0.95	0.85	0.76
106	3.76	2.54	1.88	1.50	1.25	1.07	0.94	0.83	0.75
107	3.69	2.46	1.84	1.47	1.23	1.05	0.92	0.82	0.73
108	3.65	2.42	1.81	1.43	1.21	1.03	0.90	0.80	0.72
109	3.56	2.37	1.78	1.42	1.18	1.01	0.89	0.79	0.71
110	3.50	2.33	1.75	1.40	1.16	1.00	0.87	0.78	0.70
111	3.45	2.29	1.71	1.37	1.14	0.98	0.85	0.76	0.68
112	3.37	2.24	1.68	1.34	1.12	0.96	0.84	0.74	0.67
113	3.30	2.20	1.65	1.32	1.10	0.94	0.82	0.73	0.66
114	3.24	2.16	1.62	1.29	1.08	0.92	0.81	0.72	0.64
115	3.18	2.12	1.59	1.26	1.06	0.91	0.79	0.70	0.63
116	3.12	2.08	1.56	1.24	1.04	0.89	0.78	0.69	0.62
117	3.06	2.04	1.53	1.22	1.02	0.87	0.76	0.68	0.61
118	3.00	2.00	1.50	1.20	1.00	0.85	0.75	0.66	0.60
119	2.94	1.96	1.47	1.17	0.98	0.84	0.73	0.65	0.58
120	2.88	1.92	1.44	1.15	0.96	0.82	0.72	0.64	0.57
121	2.82	1.88	1.41	1.13	0.94	0.80	0.70	0.62	0.56
122	2.77	1.84	1.38	1.10	0.92	0.79	0.69	0.61	0.55
123	2.71	1.80	1.35	1.08	0.90	0.77	0.67	0.60	0.54
124	2.65	1.77	1.32	1.06	0.88	0.75	0.66	0.59	0.53
125	2.60	1.73	1.30	1.04	0.86	0.74	0.65	0.57	0.52
126	2.54	1.69	1.27	1.01	0.84	0.72	0.63	0.56	0.50
127	2.49	1.66	1.24	0.99	0.83	0.71	0.62	0.55	0.49
128	2.45	1.62	1.21	0.97	0.81	0.69	0.60	0.54	0.48
129	2.38	1.58	1.19	0.95	0.79	0.68	0.59	0.52	0.47
130	2.33	1.55	1.16	0.93	0.77	0.66	0.58	0.51	0.46
131	2.27	1.51	1.13	0.91	0.75	0.65	0.56	0.50	0.45
132	2.22	1.48	1.11	0.89	0.74	0.63	0.55	0.49	0.44
133	2.17	1.44	1.08	0.86	0.72	0.62	0.54	0.48	0.43
134	2.12	1.41	1.06	0.84	0.70	0.60	0.53	0.47	0.42
135	2.07	1.38	1.03	0.82	0.69	0.59	0.51	0.46	0.41
136	2.02	1.34	1.01	0.80	0.67	0.57	0.50	0.44	0.40
137	1.96	1.31	0.98	0.78	0.65	0.56	0.49	0.43	0.39
138	1.91	1.27	0.95	0.76	0.63	0.54	0.47	0.42	0.38
139	1.86	1.24	0.93	0.74	0.62	0.53	0.46	0.41	0.37
140	1.81	1.21	0.90	0.72	0.60	0.51	0.45	0.40	0.36
141	1.77	1.18	0.88	0.70	0.59	0.50	0.44	0.39	0.35
142	1.72	1.14	0.86	0.68	0.57	0.49	0.43	0.38	0.34
143	1.67	1.11	0.83	0.66	0.55	0.47	0.42	0.37	0.33
144	1.62	1.08	0.81	0.64	0.54	0.46	0.40	0.36	0.32
145	1.57	1.05	0.78	0.63	0.52	0.45	0.39	0.35	0.31
146	1.52	1.01	0.76	0.61	0.50	0.43	0.38	0.33	0.30
147	1.48	0.98	0.74	0.59	0.49	0.42	0.37	0.32	0.29
148	1.45	0.95	0.71	0.57	0.47	0.40	0.35	0.31	0.28
149	1.38	0.92	0.69	0.55	0.46	0.39	0.34	0.30	0.27

OUVERTURE de l'angle.	VALEUR DE D CORRESPONDANT A UNE TANGENTE DE								
	20 m. $\frac{1}{2}$ 10x.	30 m. $\frac{1}{3}$ 10x.	40 m. $\frac{1}{4}$ 10x.	50 m. $\frac{1}{5}$ 10x.	60 m. $\frac{1}{6}$ 10x.	70 m. $\frac{1}{7}$ 10x.	80 m. $\frac{1}{8}$ 10x.	90 m. $\frac{1}{9}$ 10x.	100 m. $\frac{1}{10}$ 10x. ou x.
150°	1.33	0.89	0.66	0.55	0.44	0.38	0.33	0.29	0.26
151	1.29	0.86	0.64	0.51	0.43	0.36	0.32	0.28	0.25
152	1.24	0.83	0.62	0.49	0.41	0.35	0.31	0.27	0.245
153	1.20	0.80	0.60	0.48	0.40	0.34	0.30	0.26	0.24
154	1.15	0.76	0.57	0.46	0.38	0.32	0.28	0.25	0.23
155	1.10	0.73	0.55	0.44	0.36	0.31	0.27	0.24	0.22
156	1.06	0.70	0.53	0.42	0.35	0.30	0.26	0.23	0.21
157	1.01	0.67	0.50	0.40	0.33	0.29	0.25	0.22	0.20
158	0.97	0.64	0.48	0.38	0.32	0.27	0.24	0.21	0.19
159	0.92	0.61	0.46	0.37	0.30	0.26	0.23	0.20	0.18
160	0.88	0.58	0.44	0.35	0.29	0,25	0.22	0.19	0.17
161	0.83	0.55	0.41	0.33	0.27	0.23	0.20	0.18	0.16
162	0.79	0.52	0.39	0.31	0.26	0.22	0.19	0.17	0.15
163	0.74	0.49	0.37	0.29	0.24	0.21	0.18	0.16	0.145
164	0.70	0.46	0.35	0.28	0.23	0.20	0.17	0.15	0.14
165	0.65	0.43	0.32	0.26	0.21	0.19	0.16	0.14	0.13
166	0.61	0.40	0.30	0.24	0.20	0.17	0.15	0.13	0.12
167	0.56	0.37	0.28	0.22	0.18	0.16	0.14	0.12	0.11
168	0.52	0.35	0.26	0.21	0.17	0.15	0.13	0.11	0.10
169	0.48	0.32	0.24	0.19	0.16	0.13	0.12	0.10	0 09
170	0.43	0.29	0.21	0.17	0.14	0.12	0.10	0.09	0.08
171	0.39	0.26	0.19	0.15	0.13	0.11	0·09	0.08	0.07
172	0.34	0.23	0.17	0.13	0.11	0.09	0.08	0 07	0 06
173	0.30	0.20	0.15	0.12	0.10	0.08	0.07	0.06	0.05
174	0.26	0.17	0.13	0.10	0.08	0.07	0.06	0.05	
175	0.21	0.14	0.10	0.08	0.07	0.06	0.05	0.04	
176	0.17	0.11	0.08	0.06	0.05	0.04			
177	0.13	0.08	0.06	0.04					
178	0.08	0.05	0.04	0.03					
179	0.04	0.02							

TABLE DES MATIÈRES

—

NUMÉROS des profils	DISTANCE du profil à celui qui suit	SURFACE DES PROFILS en déblai	SURFACE DES PROFILS en remblai	CUBE DES DÉBLAIS sur profil Cubes	CUBE DES DÉBLAIS par foisonnement +	CUBE DES DÉBLAIS +	TOTAL +	à déduire les terres réservées pour la chaussée et les ouvrages d'art −	Cube définitif des déblais disponibles +	Cube remblais pour chaque profil −	Excès des déblais sur les remblais +	des remblais sur les déblais −	Distances des centres de gravité	CUBES AUXILIAIRES des déblais −	CUBES AUXILIAIRES des remblais +	CUBES des déblais compensés avec les remblais +	l'étendue totale répondant à chaque profil −	déblais +	remblais −	MOUVEMENT Compensation successive des déblais et des remblais +,−	Produit des ordonnées par les distances	Limite des compensations partielles	INDICATION de la destination et des lieux d'emploi des matériaux réservés, de l'implacement des tâcherons et des remblais d'emprunt, etc.
1	2	3	4	5	6	7	8	9	10	11	12	13	14	15	16	17	18	19	20	21	22	23	24
1	20	4.60	1.20	10.00	46.00	-1.60	50.60	"	50.60	12.00	38.00	"	13.75	16.58	"	34.02	12.00	22.02	"	+22.02	302.77	35.00	
2	15	1.61	2.05	17.50	28.17	2.81	30.98	"	30.98	35.87	"	4.89	21.25	"	"	30.98	30.98	"	4.89	+17.13	364.01		
3	35	1.15	1.95	25.00	28.75	2.87	31.62	"	31.62	48.75	"	17.13	31.23	"	"	31.62	31.62	"	17.13	"	"		
4	40	1.12	1.94	37.50	42.00	4.20	46.20	"	46.20	72.00	"	25.80	32.75	"	"	46.20	46.20	"	25.80	−25.80	841.95	32.75	
5	16	2.50	"	28.00	70.00	7.00	77.00	"	77.00	"	77.00	"	20.00	45.47	"	31.53	"	31.53	"	+5.73	111.60	31.00	
6	8	"	"	12.00	"	"	"	"	"	"	"	"	11.00	"	"	"	"	"	"	+5.73	63.03		
7	12	"	1.50	10.00	"	"	"	"	"	15.00	"	15.00	11.75	"	"	"	"	"	15.00	−9.27	108.92	28.50	
8	15	2.60	3.52	13.50	35.10	3.51	38.61	"	38.61	47.52	"	8.91	15.75	"	"	38.61	38.61	"	8.91	−18.16	304.61		
9	25	2.18	1.50	29.00	43.50	4.38	48.18	"	48.18	30.00	18.18	"	20.50	"	"	48.18	30.00	18.18	"	"	"		
10	17	2.01	1.20	21.00	61.11	6.11	67.22	"	67.22	25.20	42.02	"	19.75	17.89	"	49.33	25.20	24.13	"	+24.13	478.56	38.50	
11	20	3.72	1.15	18.50	63.62	6.85	75.70	25.00	50.70	21.27	29.43	"	18.75	"	"	50.70	21.27	29.43	"	+53.56	1004.25		
12	18	2.25	4.19	19.00	42.75	4.27	47.02	20.97	26.05	79.01	"	53.56	19.50	"	"	26.05	26.05	"	53.56	"	"	36.25	
13	22	1.27	3.20	20.00	25.40	2.51	27.91	"	27.91	61.00	"	36.06	19.35	"	"	27.91	27.94	"	36.06	−36.06	691.15		
14	15	1.85	1.30	18.50	34.29	3.42	37.64	"	37.64	21.05	13.50	"	17.00	"	"	37.64	24.05	13.50	"	−22.47	381.99		
15	16	3.45	1.25	19.50	53.47	5.34	58.81	16.97	41.84	19.37	22.47	"	17.50	"	"	41.84	19.37	22.47	"	"	"		
16	23	2.02	1.00	19.50	51.09	5.10	56.19	"	56.19	19.50	36.09	"	23.00	36.69	"	19.50	19.50	"	"	"	"		
17	30	2.19	0.95	26.50	31.53	3.15	34.68	"	34.68	25.17	0.51	"	20.75	9.51	"	25.17	25.17	"	"	"	"		
18	"	1.15	0.50	15.00	17.25	1.72	18.97	"	18.97	7.50	11.47	"	11.47	"	"	7.50	7.50	"	"	"	"		
	347	"	"	347.00	670.46	67.00	747.36	62.94	684.42 / 546.81 / 137.61	546.81	204.96	161.35	"	"	137.61	"	546.81	365.46	161.35	161.35	−1669.74 / 161.35 = 28m83		

OBSERVATION. — Dans une formule administrative, on pourrait supprimer les colonnes 12 à 13, qui ne sont que des colonnes auxiliaires dont les résultats n'ont pas besoin d'être conservés, une fois qu'ils ont servi à déterminer les nombres de la colonne 15 ou ceux de la colonne 16.

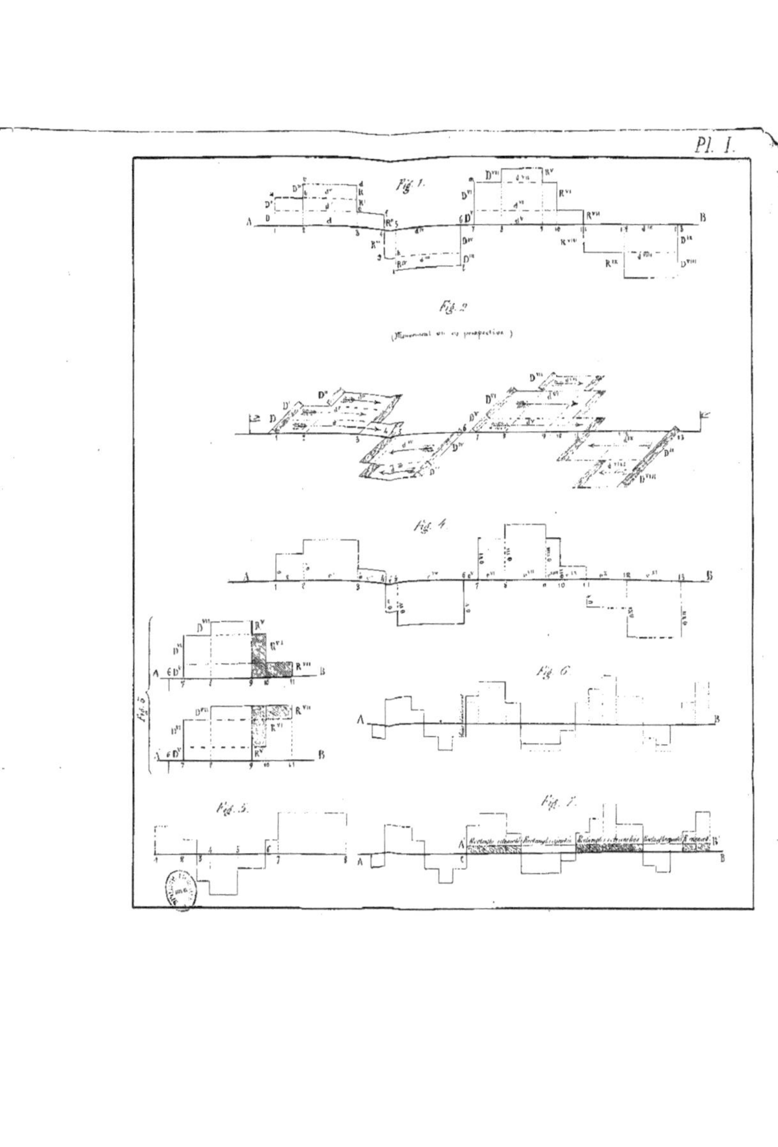
Fig. 1.
Fig. 2.
Fig. 4.
Fig. 6.
Fig. 3.
Fig. 5.
Fig. 7.

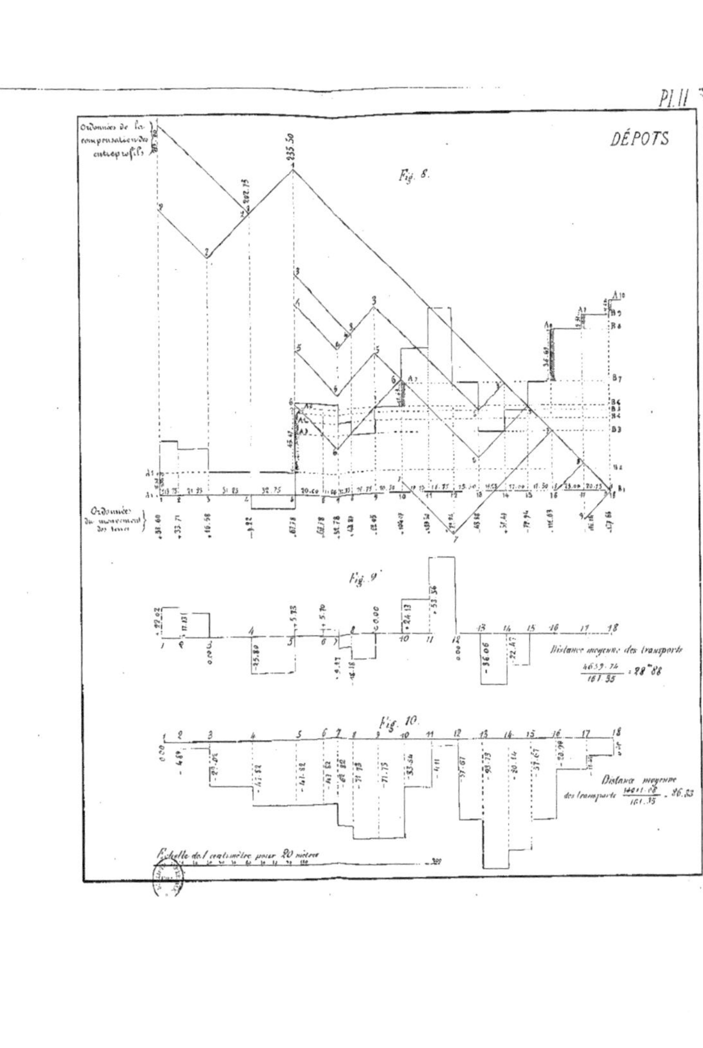
DÉPOTS
Ordonnées de la compensation des entre-profils
Fig. 8.
Ordonnée du mouvement des terres
Fig. 9.
Distance moyenne des transports
Fig. 10.
Distance moyenne des transports
Echelle de 1 centimètre pour 20 mètres

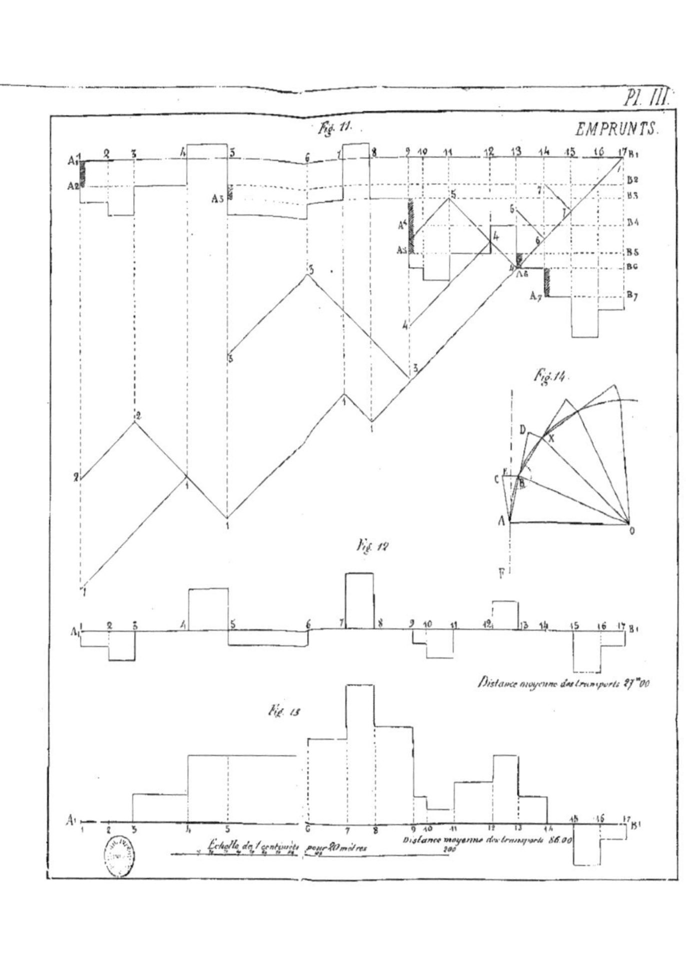
Fig. 11.
EMPRUNTS.
Fig. 14.
Fig. 12.
Distance moyenne des transports 27.00
Fig. 13.
Echelle de l continuite pour 20 mètres
Distance moyenne des transports 86.00

www.ingramcontent.com/pod-product-compliance
Lightning Source LLC
LaVergne TN
LVHW011353170726
843501LV00006B/1805